BEI GRIN MACHT SICH IHR
WISSEN BEZAHLT

AF144299

- Wir veröffentlichen Ihre Hausarbeit,
  Bachelor- und Masterarbeit

- Ihr eigenes eBook und Buch -
  weltweit in allen wichtigen Shops

- Verdienen Sie an jedem Verkauf

Jetzt bei www.GRIN.com hochladen
und kostenlos publizieren

Bibliografische Information der Deutschen Nationalbibliothek:

Die Deutsche Bibliothek verzeichnet diese Publikation in der Deutschen National-
bibliografie; detaillierte bibliografische Daten sind im Internet über http://dnb.d-
nb.de/ abrufbar.

Impressum:

Copyright © 2018 GRIN Verlag
Druck und Bindung: Books on Demand GmbH, Norderstedt Germany
ISBN: 9783346175786

Dieses Buch bei GRIN:

https://www.grin.com/document/542137

Felix Kohlmann

Erfolgreiche Marketingplanung im Fitnesssektor? Beispiel eines Fitness-Studios aus dem Discount-Segment

GRIN Verlag

Deutsche Hochschule für
Prävention und Gesundheitsmanagement
Hermann Neuberger Sportschule 3
66123 Saarbrücken

Hausarbeit (kollektive Prüfungsleistung)

Name, Vorname	Kohlmann, Felix
Modul	Marketing I
Studiengang	Sportökonomie WS 17
Gruppe bzw. zu bearbeitende Stadt	Düsseldorf
Unternehmenstyp*	**Discountstudio**

* abhängig von Aufgabenstellung: jeweils den zu bearbeitenden „Unternehmenstyp" eintragen

Inhaltsverzeichnis

1   Marktbeschreibung/ -analyse 3

    1.1   Allgemeine Informationen über den Unternehmenstyp 3

    1.2   Lage und Standort des Unternehmens 4

    1.3   Bestimmung von zwei Marktgebieten 4

    1.4   Makroumfeldanalye und Abschätzung des Marktpotenzials 5

    1.5   Wettbewerbsanalyse 7

2   Marketingplanung 8

    2.1   Budgetplanung 8

    2.2   Kommunikationspolitik 8

    2.3   Werbeplanung 9

    2.4   Kostenkalkulation / Budgetvergleich bei der Werbeplanung 10

    2.5   Synergieeffekte im Rahmen der Kommunikationspolitk 11

3   Abschlussstatement 11

4   Literaturverzeichnis 13

5   Abbildungs- und Tabellenverzeichnis 14

    5.1   Abbildungsverzeichnis 14

    5.2   Tabellenverzeichnis 14

1 Marktbeschreibung/ -analyse

1.1 Allgemeine Informationen über den Unternehmenstyp

Das Fitness-Studio im Discount-Segment, hat als Haupzielgruppe Personen, die ein eher geringes Einkommen haben oder nicht viel Geld für Fitness in die Hand nehmen möchten. Das Konzept ist vor allem für Personen zwischen 16 und 40 Jahren ausgerichtet, wobei Personen unter 18 den Vertrag immer in Anwesenheit einer erziehungsberechtigten Person unterschreiben müssen. Außerdem sollen Leute angesprochen werden, die entweder schon genug Trainingserfahrung haben, um alleine zu trainieren oder welche, die nur wenig Wert auf eine persönliche Kundenbetreuung legen. Ziele der oben genannten Personengruppe sind zum Beispiel Leistungssteigerung, Optikoptimierung und Stresslinderung. All dies kann bei unserem Studio erreicht werden, da wir durch unser Angebot alle Bereiche abdecken.

In der folgenden Tabelle werden die wichtigsten Merkmale des Studios zusammengefasst.

Tabelle 1: Produkt-, Preis- und Distributionspolitik des Unternehmens

Produktpolitik	- Fitnessgeräte von Namenhaften Hersteller (Technogym): Cardiopark, Gerätepark, Kurzhanteln, Functional Bereich - Kursraum (Les Mills Kurse) - Spinningraum - Körperanalysewaage von Inbody - 2 Saunen, 2 Solarien
Preispolitik	- kostenloses Probetraining - Mitgliedschaften (12 Monate, Kündigung 3 Monate vor Vertragsende): 16€/Monat brutto (Standard) 22€/Monat brutto (VIP, inkl. Kurse, Spinning und Wellness) - Einmalkosten: 20€ Anmeldegebühr 10€ bei 3mal Karte vergessen (1 Jahr) 40€ für Körperanalyse
Distributionspolitik	- Vorgesehene Niederlassung in Deutschland - Öffnungszeiten: Montag - Sonntag von 6:00 Uhr – 24:00 Uhr

1.2 Lage und Standort des Unternehmens

Das Studio befindet sich in der Füsilierstraße in dem Düsseldorfer Stadtteil Derendorf im Stadtbezirk 1. Das Discountstudio hat eine Größe von 2.600 qm und liegt nur ein paar 100 Meter entfernt von der Stadbahn- und Bushaltestelle „Tannenstraße" entfernt. Auch mit dem Auto ist es sehr gut über die B8 und von Stadtzentrum über die Ulmerstraße zu erreichen. In dem sehr bewohnten Viertel, gibt es an den Straßen immer Parkmöglichkeiten, die meistens aber sehr gut belegt sind. Da aber nur ca. 300m weiter ein Sportverein ansässig ist, kann man mit diesem kooperieren und die Parkplätze geteilt werden. In einem Umkreis von einem Kilometer befindet sich eine Akademie und eine Realschule, welche perfekt in die Zielgruppe des Studios passen. In der Tannenstraße, die parallel zur Füsilierstraße verläuft, liegt die ehemalige Kaserne, wo jetzt Wohnungen und Büros Ihr zuhause haben (rp-online, 2015).

1.3 Bestimmung von zwei Marktgebieten

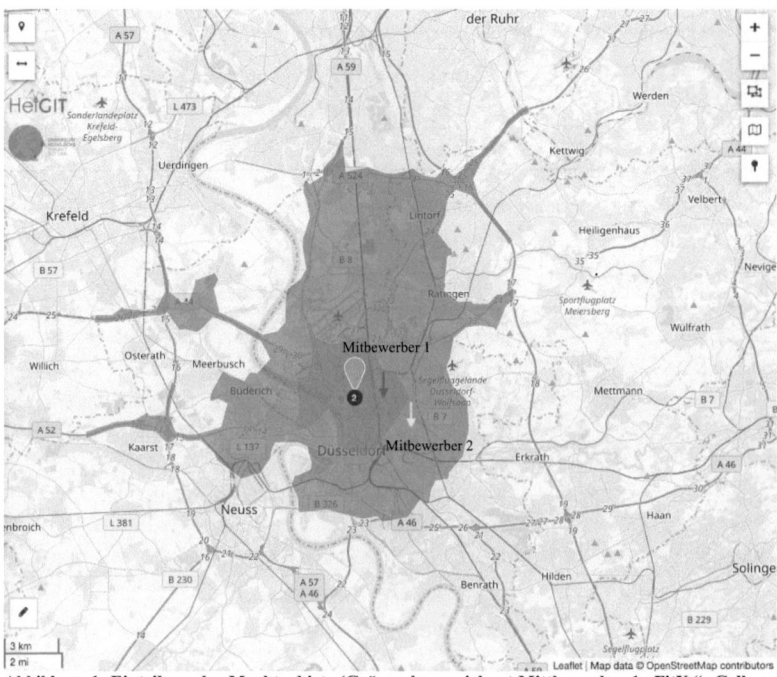

Abbildung 1: Einteilung der Marktgebiete (Grün gekennzeichnet Mittbewerber 1 „FitX "; Gelb gekennzeichnet Mitbewerber 2 „Fit/One") (openroute service, 2018)

4

In der obigen Abbildung, sind die zwei relevanten Marktgebiete eingezeichnet. Beide wurden mit Hilfe der Zeit-Distanz-Methode errechnet. Innerhalb des dunkelroten Marktgebiet, lässt sich das Studio in 7 Minuten erreichen und innerhalb des hellroten Marktgebiet, lässt sich das Studio in 15 Minuten erreichen. Zustätzlich sind in Grün und Gelb markiert die zwei größten Mitbewerber (FitX und Fit/One).

1.4 Makroumfeldanalye und Abschätzung des Marktpotenzials

Die Kaufkraft im Stadtkreis Düsseldorf liegt im Schnitt bei 27.067 € pro Einwohner (gfk, 2018). Die Arbeitslosenquote ist bei 6,5% (Bundesagentur für Arbeit, 2018). In dem Stadtteil Derendorf wohnen 20.651 Menschen.

Die Altersverteilung in der Stadt Düsseldorf setzt sich wie folgt zusammen:

Tabelle 2: Altersverteilung in Düsseldorf (Landeshauptstadt Düsseldorf - Amt für Statistik und Wahlen, 2017)

Insgesamt	Unter 6	6-18	18-25	25-30	30-50	50-65	65 und mehr
639.407	34.208	62.577	45.916	51.830	194.040	127.193	120.643

Da nicht alle Personen aus Düsseldorf für das Fitnessstudio in Frage kommen, befinden sich in der nachfolgenden Tabelle die Einwohnerzahlen innerhalb des in Teilaufgabe 1.3 bestimmten Marktgebietes.

Tabelle 3: Einwohnerzahlen in Marktgebiet 1 und Marktgebiet 2 (Landeshauptstadt Düsseldorf - Amt für Statistik und Wahlen, 2017 und Stadt Ratingen, 2016 und Stadt Meerbusch, 2016)

Marktgebiet 1		Marktgebiet 2	
Gebiet	Einwohner	Gebiet	Einwohner
Derendorf	20.651	Stadtmitte	14.840
Pempelfort	32.626	Carlstadt	2.279
Golzheim	12.520	Altstadt	2.358
Unterrath	21.711	Flingern Nord	24.617
Mörsenbroich	18.002	Flingern Süd	10.319
		Düsseltal	28.149
		Friedrichstadt	19.616
		Unterbilk	19.292

		Hamm	4.444
		Bilk	40.552
		Oberbilk	30.391
		Oberkassel	18.949
		Heerdt	11.398
		Lörick	7.625
		Niederkassel	6.047
		Stockum	5.589
		Lohausen	4.129
		Kaiserwerth	8.038
		Wittlaer	8.106
		Angermund	6.621
		Kalkum	1.973
		Lichtenbroich	6.204
		Rath	20.205
		Gerresheim	29.761
		Grafenberg	5.898
		Lierenfeld	10.809
		Ratingen West	17.808
		Ratingen Zentrum	23.822
		Lintorf	15.267
		Tiefenbroich	6.594
		Meerbusch Büderich	22.411
= Gesamt	**105.510**	**= Gesamt**	**434.111**

Nachdem nun die Einwohnerzahlen in dem jeweiligen Marktgebiet ermittelt wurden, wird nun das freie Marktpotenzial in dem gesamten Marktgebiet berechnet.

Berechnung des Marktpotenzials:

→ (Marktgebiet 1 + 70% Gewichtung Marktgebiet 2) * 0,12

   (105.510 Einwohner + 303.878 Einwohner) * 0,12

   = <u>49.127 Einwohner</u>

1.5 Wettbewerbsanalyse

Wie in Teilaufgabe 1.3 eingezeichnet, sind die zwei stäksten Mitbewerber das FitX und das Fit/One. In der folgenden Tabelle werden die Stärken und Schwächen dieser beiden Discountstudios aufgezeigt. Außerdem wird der unterschied zu unserem Studio analysiert.

Tabelle 4: Stärken und Schwächen FitX (fitx.de, 2018)

Stärken	1. Mehrere Standorte in Deutschland
	2. Öffnungszeiten
Schwächen	1. kein Wellnessbereich
	2. Nur eine Vertragsmöglichkeit

Vergleicht man das FitX mit unserem Discountstudio, wird deutlich, dass unsere Schwäche sicherlich bei den Öffungszeiten und der Anzahl der Standorte in Deutschland liegt. Alle 73 Studios in Deutschland haben 24h offen (fitx.de, 2018). Allerdings können wir in anderen Kategorien punkten. So haben wir im Gegensatz zum FitX einen Wellnessbereich, welchem man bei dem VIP Vertrag nutzen kann. Das bringt uns auch schon zu unserer zweiten Stärke. Bei unserem Studio, ist es möglich zwischen zwei Verträgen zu wählen, je nachdem ob man die zusätzlichen Angebote nutzen will oder nicht.

Tabelle 5: Stärken und Schwächen Fit/One (fit-one.de, 2018)

Stärken	1. Mehrere Standorte in Deutschland
	2. vielfältiges Angebot (drei Vertragsmöglichkeiten)
Schwächen	1. Kundenservice / Sauberkeit (eigene Erfahrung)
	2. kein zentraler Standort

Das Fit/One ist wie das FitX in mehreren Städten in Deutschland vertreten, wobei unser Studio da noch nicht mithalten kann. Das Angebot vom Fit/One ist ähnlich aufgabut wie bei uns. Es gibt zusätzlich eine dritte Möglichkeit einen Vertrag abzuschließen, bei dem man zweimal im Monat mit einem Personal Trainer trainiert. Dennoch ist der Unterschied bei dem Angebot nicht groß, da sowohl das Fit/One als auch wir einen Wellnessbereich bei dem richtigen Vertrag anbieten.

Im Gegensatz zum Fit/One haben wir eine zentrale Lage in Düsseldorf und sind sehr leicht und schnell zu erreichen, was bei vielen Personen ein ausschlaggebendes Argument ist. Ebenfalls wird bei uns ab dem ersten Tag sehr großer Wert auf Sauberkeit und Kundenzufriedenheit gelegt.

2 Marketingplanung

2.1 Budgetplanung

Das Jahresmarketingbudget wird anhand der „Marketingkosten pro Neukunde" Methode errechnet. Da es sich hierbei um eine Unternehmensneugründung handelt, wird im ersten Geschäftsjahr die Fluktuationsquote nicht berücksichtigt.
Berechnung des Jahresmarketingbudget:
> → Geplante Mitgliederzahl * Marketingkosten pro Neukunde
> 2.000 * 25€
> = 50.000€

2.2 Kommunikationspolitik

Damit das Unternehmen erfolgreich in das erste Geschäftsjahr startet, ist es von hoher Bedeutung schon vor dem Marktstart viele Mitglieder für unser Studio zu gewinnen. Dafür eignet sich am besten eine erste Vermarktungskampagne, welche drei verschiedene Instrumente der Kommunikationspolitik beinhaltet. Neben der Werbung, kommen das Online- und Social Media Marketing und das Event Marketing zum Einsatz. Das Online- und Social Media Marketing dient dazu, den Bekanntheitsgrad zu erhöhen, ein Image nach außen zu tragen und den Absatz zu steigern. Alleine in Deutschland sind sehr viele Menschen auf den sozialen Netzwerken wie zum Beispiel Facebook unterwegs (Über 32 Millionen aktive Nutzer im November 2018 (allfacebook, 2018)). Außerdem hilft das Online Marketing bei einem schnellen Austausch bei Aktionen und Neugkeiten im Studio. Das Event Marketing dient laut Nickel (2007, S.7) dazu, den Teilnehmern Erlebnisse zu vermitteln und Emotionen zu wecken. Diese helfen gleichzeitig bei der Durchsetzung der Marketingstrategie, also beim Aufbau von Unternehmens- und Markenwerten.

Tabelle 6: Vermarktungskampagne

Ziel	Mitgliedergewinnung vor Marktbeginn	
Inhalt	- Bekanntheitsgrad in der Umgebung steigern - Vorverkauf von Mitgliedschaften mit Angebot Eröffnung am 01.11.2019 Kampagnenstart am 01.09.2019	
Begründung	Durch die Aktion wird das Interesse der Einwohner geweckt und erzählen es gegebenenfalls weiter. Durch den Vorverkauf starten wir ab Tag 0 mit Mitgliedern und können so die anfäglichen Schwierigkeiten überbrücken	
Datum	**Was?**	**Bis wann?**
01.08.2019	Meeting zur Planung der Kampagne	sofort
02.08.2019	Angebot einholen (Flyer, Plakate, Anzeigen)	09.08.2019
05.08.2019	Erstellung einer Facebook Seite	06.08.2019
06.08.2019	Organistation/Durchführung Promoaktionen in den nahieliegenden Schulen	01.10.2019
09.08.2019	Druckauftrag von Plakaten und Flyern	09.08.2019
26.08.2019	Verteilen von Plakaten und Flyern	13.09.2019
01.09.2019	1. Anzeige schalten	01.09.2019
09.09.2019	Facebook Anzeige schalten	16.09.2019
21.10.2019	1. Vorverkaufswoche	25.10.2019
01.10.2019	2. Anzeige schalten	01.10.2019
07.10.2019	Facebook Anzeige schalten	14.10.2019
07.10.2019	Planung der Erföffnungsfeier	25.10.2019
18.10.2019	2. Vorverkaufswoche	22.10.2019

Die **Auswertung** und **Zielkontrolle** erfolgt jeweils bei den beiden Vorverkaufswochen, bei denen schon vor der Eröffnung Mitgliedschaften mit dem Vorverkaufsangebot unterschrieben werden können. Außerdem können dort Probetrainings vereinbart werden. Ebenso werden Personen zu der Eröffnungsfeier eingeladen und bekommen 2/3 Gutscheine für ein Freigetränk mit, damit diese wiederum Freunde mitbringen können. Gleichzeitig kann die Kostenkalkulation ausgewertet werden.

2.3 Werbeplanung

Für die Werbeplanung stehen dem Studio 10.000,00,- Euro zur Verfügung. In der folgenden Tabelle werden die jeweiligen Werbemittel und Werbeträger aufgezeigt und anschließend kurz beschrieben.

Tabelle 7: Werbemittel/Werbeträger

Werbemittel	Werbeträger
Anzeigen	Online (Facebook/Snapchat)
Flyer	Mitarbeiter
Plakate	Läden im Umkreis, Stadt Düsseldorf

Durch Onlineanzeigen bei Faceook und Snapchat, werden vor allem die jüngere Generation angesprochen. Beide haben eine sehr hohe Reichweite und können gezielt eingesetzt werden, da sowohl Facebook als auch Snapchat zielgruppenspezifisch die Anzeigen schalten. Bei diesen Onlineanzeigen ist aufgrund der hohen Reichweite und der gezielten Ansteuerung bestimmer Personengruppen mit den meisten Kosten zu rechnen.

Die Anzeigen werden 7 Tage lang laufen.

Die Flyerverteilung ist eine gute Möglichkeit, die Zeit vor der Eröffnung sinnvoll zu nutzen. Ebenfalls werden die Mitarbeiter sofort in das Geschehen mit eingespannt. Die Einbindung der Teammitglieder ist sowohl eine Kostenersparnis als auch eine Sicherheit, dass die Flyer Gewissenhaft verteilt werden.

Um die Plakate in den umliegenden Unternehmen aufhängen zu dürfen, werden zwei Mitarbeiter damit beauftragt, vor der Eröffnung sich bei den jeweiligen Unternehmen vorzustellen. Mit einem kleinen Geschenk wird um die Erlaubnis gebeten, das Plakat in dem Laden anzubringen.

Ebenso werden im Marktgebiet 1 (Teilaufgabe 1.3) ingesamt 10 Werbeplakate angebracht. Jeweils 5 unterschiedlich gestaltete Werbeplakate vom 20.09.2019 bis 30.09.2019 und vom 22.10.2019 bis 31.10.2019. Diese sollen auf das Vorverkaufsangebot aufmerksam machen und zu der Eröffnungsfeier einladen.

2.4 Kostenkalkulation / Budgetvergleich bei der Werbeplanung

Tabelle 8: Kostenkalkulation der Werbeplanung

Gesamtbudget:	10.000,00€
- Anzeige	7 Tage x 600€ (eigene Erfahrung)

	= 4.200,00€
- Flyer	500€
- Plakate	10 Plakate x ca. 350€ (crossvertise, 2018) = 3.500€
Ergebnis:	**8.200€**
Rest:	**1.800€**

Falls die Ressonanz kurz nach der Eröffnungsfeier nicht das gewünschte Ergebnis erzielt, kann man das übrig gebliebene Geld sehr gut in weitere Kampagnen investieren. Für die Werbemittel wurden Anbieter nach Qualität, Standorten und Preis verglichen, um so das beste Angebot zu finden. Gegebenenfalls kann man darüber nachdenken eine Werbeagentur zu beauftragen, um professionelle Unterstützung zu bekommen.

2.5 Synergieeffekte im Rahmen der Kommunikationspolitk

Um größere Bekanntheit und mehr Profit zu erreichen arbeiten alle Unternehmensgruppen zusammen. Von jedem einzelnen Unternehmen wird ein Zuständiger in das unternehmensübergreifende Team geladen, um gemeinsame Veranstaltungen, Messen oder Feste zu planen. Da die unterschiedlichen Studios nicht die selbe Zielgruppe haben, werden sich nur teilweise Personen überschneiden. Durch die Zusammenarbeit schaffen wir es bei gemeinsamen Aktionen Geld zu sparen und eine größere Reichweite zu erlangen. Bei den Veranstaltungen werden einheitliche T-Shirts und Pullover getragen mit dem gemeinsam übergreifenden Logo, um die Düsseldorfer Einwohner positiv zu beeinflussen. Aufgrund des gemeinsamen Logos wird bei einzelnen Aktionen, die nur ein Unterhnehmen betreffen (z.B das Discount-Studio), jeder andere Unternehmenstyp ebenfalls beworben.

3 Abschlussstatement

Die Landeshauptstadt Nordrhein Westfalens ist für die gesamte Unternehmensgruppe als erfolgreiches Marktgebiet einzuschätzen. Das Premiumstudio und das Discountstudio befinden sich in unmittelbarer Nähe des Düsseldorfer Zentrums. Das Functional Training Studio befindet sich in Düsseldorf Neuss in der Nähe eines Industriegebietes. Das Damenfitnessstudio hat seinen Standort in Düsseldorf Flingern in der Nähe der

11

Düsseldorfer Stadtwerke. Die gute Erreichbarkeit ist für große Studios der Unternehmensgruppe unabdingbar, da diese Studios eine sehr große Zielgruppe ansprechen. Daher ist gerade für Discount- und Premiumstudio eine geographische Positionierung in zentraler Lage sinnvoll. Das Damenfitnessstudio, sowie das Functional Studio sind auf Grund ihrer Kapazität keine direkte interne Konkurrenz für Discount- und Premiumstudio. Die Lage der beiden Studios zielt besonders auf dort arbeitende Leute ab. Sowohl das Industriegebiet in der Nähe des Functional Studios, sowie die Stadtwerke in der Nähe des Damenstudios bieten optimale Gelegenheiten für Firmen Kooperationen.

Bei guter Servicequalität und einheitlicher Corporate Identity der unterschiedlichen Studios bietet das breit gefächerte Angebot der einzelnen Studios eine optimale Grundlage für Weiterempfehlungen.

4   Literaturverzeichnis

Allfacebook. (2018). *allfacebook.de.* Zugriff am 16. Dezember 2018. Verfügbar unter https://allfacebook.de/zahlen_fakten/offiziell-facebook-nutzerzahlen-deutsch-land.

Bundesagentur für Arbeit. (2018). *Statistik.arbeitsagentur.de.* Zugriff am 10. Dezember 2018. Verfügbar unter https://statistik.arbeitsagentur.de/Navigation/Statistik/Statistik-nach-Regionen/BA-Gebietsstruktur/Nordrhein-Westfalen/Duesseldorf-Nav.html.

Crossvertise. (2018). *Market.crossvertise.com.* Zugriff am 18. Dezember 2018. Verfügbar unter https://market.crossvertise.com/de-de/media/ooh/map?addressMap=Derendorf%2C+Düsseldorf%2C+Deutschland&SwLat=&SwLng=&NeLat=&NeLng=

Fit/One. (2018). *fit-one.de.* Zugriff am 16. Dezember 2018. Verfügbar unter https://www.fit-one.de/duesseldorf.html.

FitX. (2018). *fitx.de.* Zugriff am 16. Dezember 2018. Verfügbar unter https://www.fitx.de/studios?suche=40217+Düsseldorf%2C+Deutschland.

Gfk. (2018). *gfk.com/de.* Zugriff am 09. Dezember 2018. Verfügbar unter https://www.gfk.com/de/insights/press-release/kaufkraft-der-deutschen-steigt-2018/

Landeshauptstadt Düsseldorf – Amt für Statistik und Wahlen. (2018). *duesseldorf.de.* Zugriff am 12. Dezember 2018. Verfügbar unter https://www.duesseldorf.de/fileadmin/Amt12/statistik/bevoelkerungspyramide/Bevoelkerung_nach_Altersgruppen_und_Geschlecht_2017.pdf.

Nickel O. (2007) . *Eventmarketing: Grundlagen und Erfolgsbeispiele.* (2. Aufl.). Vahlen. S. 7.

Openroute service. (2018). *openrouteservice.org.* Zugriff am 09. Dezember 2018. Zugriff unter https://maps.openrouteservice.org/reach?n1=51.242629&n2=6.807661&n3=14&a=51.249741,6.778436&b=0&i=0&j1=15&j2=15&k1=en-US&k2=km.

RP. (2015). *RP-online.de.* Zugriff am 08. Dezember 2018. Verfügbar unter https://rp-online.de/nrw/staedte/duesseldorf/stadtteile/derendorf/endlich-gross-stadtflair-an-der-tannenstrasse_aid-20548101.

Stadt Meerbusch. (2016). *meerbusch.de.* Zugriff am 12. Dezember 2018. Verfügbar unter https://meerbusch.de/media/Default/Downloads/OpenData/statistisches-jahr-buch-2016/Teil_02.pdf.

Stadt Ratingen. (2016). *stadt-ratingen.de*. Zugriff am 12. Dezember 2018. Zugriff unter http://www.stadt-ratingen.de/wirtschaft_internationales/zdf/bevoelkerung.php.

5 Abbildungs- und Tabellenverzeichnis

5.1 Abbildungsverzeichnis

Abbildung 1: Einteilung der Marktgebiete (Grün gekennzeichnet Mittbewerber 1 „FitX "; Gelb gekennzeichnet Mitbewerber 2 „Fit/One") (openroute service, 2018) 4

5.2 Tabellenverzeichnis

Tabelle 1: Produkt-, Preis- und Distributionspolitik des Unternehmens 3
Tabelle 2: Altersverteilung in Düsseldorf (Landeshauptstadt Düsseldorf - Amt für Statistik und Wahlen, 2017) 5
Tabelle 3: Einwohnerzahlen in Marktgebiet 1 und Marktgebiet 2 (Landeshauptstadt Düsseldorf - Amt für Statistik und Wahlen, 2017 und Stadt Ratingen, 2016 und Stadt Meerbusch, 2016) 5
Tabelle 4: Stärken und Schwächen FitX (fitx.de, 2018) 7
Tabelle 5: Stärken und Schwächen Fit/One (fit-one.de, 2018) 7
Tabelle 6: Vermarktungskampagne 9
Tabelle 7: Werbemittel/Werbeträger 10
Tabelle 8: Kostenkalkulation der Werbeplanung 10